Como encontrar
o céu na terra

Dados Internacionais de Catalogação na Publicação (CIP)
(Câmara Brasileira do Livro, SP, Brasil)

Trindade, Elisabete da, 1880-1906
  Como encontrar o céu na terra / Elisabete da Trindade ; tradução de Attílio Cancin revisada pelas Carmelitas descalças dos mosteiros de São Paulo e de Passos. – Petrópolis, RJ : Vozes, 2025. – (Série Clássicos da Espiritualidade)

  ISBN 978-85-326-6923-0

  1. Cristianismo 2. Espiritualidade
3. Vida espiritual I. Título. II. Série.

24-223197   CDD-248.4

Índices para catálogo sistemático:
1. Vida espiritual : Cristianismo 248.4

Eliane de Freitas Leite – Bibliotecária – CRB 8/8415

Elisabete da Trindade, OCD

Como encontrar o céu na terra

Tradução de Attílio Cancin
revisada pelas carmelitas descalças dos
mosteiros de São Paulo e de Passos

Petrópolis

O texto desta tradução foi extraído de Elisabete da Trindade. *Obras Completas*. Petrópolis: Vozes, 1994, p. 45-74.

© desta tradução:
2025, Editora Vozes Ltda.
Rua Frei Luís, 100
25689-900 Petrópolis, RJ
www.vozes.com.br
Brasil

Todos os direitos reservados. Nenhuma parte desta obra poderá ser reproduzida ou transmitida por qualquer forma e/ou quaisquer meios (eletrônico ou mecânico, incluindo fotocópia e gravação) ou arquivada em qualquer sistema ou banco de dados sem permissão escrita da editora.

CONSELHO EDITORIAL

Diretor
Volney J. Berkenbrock

Editores
Aline dos Santos Carneiro
Edrian Josué Pasini
Marilac Loraine Oleniki
Welder Lancieri Marchini

Conselheiros
Elói Dionísio Piva
Francisco Morás
Teobaldo Heidemann
Thiago Alexandre Hayakawa

Secretário executivo
Leonardo A.R.T. dos Santos

PRODUÇÃO EDITORIAL

Aline L.R. de Barros
Anna Catharina Miranda
Eric Parrot
Jailson Scota
Marcelo Telles
Mirela de Oliveira
Natália França
Priscilla A.F. Alves
Rafael de Oliveira
Samuel Rezende
Verônica M. Guedes

Diagramação: Editora Vozes
Revisão gráfica: Alessandra Karl
Capa: Editora Vozes
Ilustração de capa: Lúcio Américo

ISBN 978-85-326-6923-0

Este livro foi composto e impresso pela Editora Vozes Ltda.

Sumário

Introdução, 7

Primeiro dia, 11

    Primeira oração, 11

    Segunda oração, 13

Segundo dia, 17

    Primeira oração, 17

    Segunda oração, 19

Terceiro dia, 21

    Primeira oração, 21

    Segunda oração, 23

Quarto dia, 27

    Primeira oração, 27

    Segunda oração, 29

Quinto dia, 31
- Primeira oração, 31
- Segunda oração, 32

Sexto dia, 35
- Primeira oração, 35
- Segunda oração, 38

Sétimo dia, 41
- Primeira oração, 41
- Segunda oração, 44

Oitavo dia, 47
- Primeira oração, 47
- Segunda oração, 49

Nono dia, 53
- Primeira oração, 53
- Segunda oração, 57

Décimo dia, 61
- Primeira oração, 61
- Segunda oração, 64

Introdução

Este retiro da Beata Elisabete da Trindade, considerado um tratado espiritual, foi motivado pela mesma Madre Germana que a estimulou a colocar no papel as suas reflexões. Devemos datá-lo na primeira metade de agosto de 1906. Elisabete se encontra cada vez mais fraca e fragilizada na sua saúde. A doença avança terrivelmente no seu corpo e destrói a sua resistência. Diante da dor, Elisabete não se entrega num determinismo vazio, mas busca com maior intensidade e reaviva o seu desejo de ver a Deus. Sabemos que o ano de 1906, desde o seu início, é o ano da "noite de" fé de Elisabete, e que esta noite tem provavelmente o seu ápice na Semana Santa. Coincidência com a terrível "noite de fé" vivida também na Semana Santa por outra carmelita, Teresa do Menino Jesus.

Elisabete busca a presença de Deus não longe de si, mas sim no íntimo do seu coração. Percebe que chegou o momento de intensificar a sua identificação com Cristo Jesus para poder dizer: "Não sou mais eu que vivo, mas é Cristo que vive em mim". Este retiro afunda suas raízes na teologia batismal do Apóstolo Paulo, na vivência do mistério da Eucaristia e dos outros sacramentos. Será neste retiro que ela formula o hino de uma alma "louvor de glória". É a sua grande descoberta. Traçando o perfil de uma alma louvor de glória dirá que deve ser uma alma de silêncio, capaz de sofrer, toda recolhida, toda mergulhada no divino. É um retiro sereno, tranquilo, mas com uma teologia espiritual envolvente e transformadora. Cita em demasia textos bíblicos, principalmente de Paulo, para fundamentar as suas reflexões.

Este texto nos faz perceber a maturidade espiritual e humana a que tem chegado a Beata Elisabete. Quem quiser fazer o retiro pessoal tendo como mestra Elisabete da Trindade pode sem dúvida usar este retiro. Por meio da oração, do silêncio e da oferta oblativa da própria vida a Deus se chega a uma harmonia entre corpo e espírito. No retiro, Elisabete não faz referência ao sofrimento, à doença, aos problemas corriqueiros, mas sim tudo transcende numa profunda comunhão com o Senhor. A meditação, mais do que a leitura deste texto, leva-nos a dar a nossa resposta na fé e a dizer com Elisabete que é possível encontrar o céu sobre a terra. Podemos perceber neste texto a influência de João da Cruz, de Teresinha, dos místicos flamengos, ou de outras leituras que ela tem feito. Particularmente, a base de todas as reflexões de Elisabete é a Palavra de Deus, sobre a qual constrói o seu edifício espiritual, onde gosta de permanecer em silêncio, na adoração trinitária.

Primeiro dia

Unidos com Cristo no Ser de Deus – A Trindade, eterno repouso da alma – Permanecei em mim – Encontro com Deus na solidão – O abismo da miséria do homem e da misericórdia de Deus.

Primeira oração

1. *"Pai, aqueles que me deste quero que, onde eu estou, também eles estejam comigo, para que vejam a glória que me deste, porque me amaste antes da criação do mundo"*[1].

---

1. Jo 17,24 [N.T.: Traduz-se o *hópou eimì egò* [Vulg.: ut ubi ego sum], e-*Kákeînoi ôsin met'emoû* [Vulg.: + illi sint mecum] (Jo 17,24), não pela fórmula ontologicamente fundamental de "onde Eu Sou" e que eles sejam "comigo", mas, aliás, pelo modo habitual da tradução, tanto nas versões francesas ("là où je suis…" Cf. *Bible de Jérusalem*, TOB…) como no português, que embora se atenue aquele ser em estar, assinala-se deste modo o "lugar" do encontro ontológico assim simbolizado de modo radical. É neste sentido que se desenvolve o comentário espiritual da Irmã Elisabete da Trindade: "…sabes onde devemos viver com Ele…"; "O lugar onde o Filho de Deus está escondido…"; "que moremos onde Ele mora…"

Tal é a última vontade do Cristo, sua oração suprema antes de retornar ao Pai. Quer que onde Ele está, estejamos também nós, não só durante a eternidade, mas desde esta vida, que é a eternidade começada e sempre em crescimento. Importa, pois, saber onde devemos viver com Ele, para realizar o seu ideal divino. O lugar onde se oculta o Filho de Deus é o seio do Pai, que é a Essência divina, invisível a qualquer olhar mortal, inacessível a qualquer inteligência humana, o que fazia dizer Isaías: "Vós sois verdadeiramente um Deus escondido". E, contudo, a sua vontade que estejamos fixos nele, que moremos onde Ele mora, na unidade do amor; que sejamos, por assim dizer, como que a sombra de si próprio[2].

Na tradução das diversas citações bíblicas teve-se em conta a versão do Cônego Gaume que a Irmã Elisabete sobretudo costumava utilizar – o *Manuel du Chrétien. Nouveu Testament. Psaumes, Imitation* (Paris, Gaume et Cie., 1896, LXXVI+1041+214+214 pp. – cf. ref. *apud* C. DE MEESTER, "Introd. gènérale" a "Oeuvres", t. I/A, P. 77 r n. 112) e a que não era alheio certo tom literário solene do francês da época. Entendeu-se, por isso, manter, sempre que enfática, a segunda pessoa do plural. Manteve-se a transliteração sem maiúsculas de acordo com a citação da Irmã Elisabete e o critério da ed. crítica de Meester. No caso presente conservou-se ainda a fórmula "*avant la création* du monde" correspondente a "*prò katabolês kósmou*" [Vulg.: "*ante constitutionem mundi*"] (Jo 17,24), por "antes da criação do mundo", embora mais rigorosamente se converta por "antes da formação do mundo".

2. "A sombra de si próprio": imagem inspirada em Ruysbroeck 81: "A sombra acompanha-nos por toda parte [...]. É assim que o amor segue a Deus…"

2. "Pelo batismo", afirma São Paulo, "fomos enxertados em Jesus Cristo"[3]. E ainda: "E com Ele nos ressuscitou e nos fez assentar nos céus, em Cristo Jesus, para mostrar aos séculos vindouros as riquezas da sua graça"[4]. E mais adiante: "Não sois hóspedes nem estrangeiros, mas concidadãos dos santos e membros da família de Deus"[5]. A Trindade, eis a nossa morada, o nosso lar, a casa paterna, de onde nunca devemos sair. Assim o manifestou um dia o Divino Mestre: "O escravo não permanece sempre na casa, mas o Filho aí permanece para sempre"[6].

Segunda oração

3. *"Permanecei em mim"*[7].

---

[3]. Cf. Rm 6,4-5.

[4]. Ef 2,6-7.

[5]. Ef 2,19.

[6]. Jo 8,35. Elisabete escreve "Filho" com maiúscula. Mas a sua intenção sendo universal, impõe que corrijamos para minúscula [N.T.: Visto que seja essa a intenção, consubstancia-se na identificação com Cristo, como o Filho por excelência, ficando assim mais conveniente o uso da maiúscula].

[7]. Jo 15,4. A riqueza semântica do francês *demeurer* (com que se verte o gr. *meínate* e o lat. *manete*) envolve a dupla acepção de "morar", "habitar", "estar com"… e de "permanecer", "restar", "ficar", "ser com", valorizando assim a fórmula: *en emoí* [Vulg.: In me] como significativa daquele supremo referencial ontológico, tal como a Irmã Elisabete da Trindade glosa: "orai em mim, adorai em mim, amai em mim, sofrei em mim…"

É o próprio Verbo de Deus que dá esta ordem, e que exprime esta vontade. "Permanecei em mim", não só momentaneamente, durante algumas horas passageiras, mas permanecei de um modo estável, habitualmente. "Permanecei em mim": orai em mim; adorai em mim; amai em mim, sofrei em mim, trabalhai, agi em mim. Permanecei em mim quando vos apresentardes a qualquer pessoa ou fizerdes qualquer coisa. Penetrai cada vez mais intimamente nesta profundidade. Esta é, então, verdadeiramente, "a solidão a que Deus atrai a alma para lhe falar"[8], como o cantava o profeta.

4. Mas para escutar esta palavra tão misteriosa não se pode ficar, por assim dizer, à superfície. É necessário penetrar sempre mais no Ser divino mediante o recolhimento interior. "Prossigo a minha caminhada"[9], exclamava São Paulo. Também nós devemos descer todos os dias por esta senda do Abismo[10] que é Deus. Deixemo-nos escorregar por esta vertente[11], numa confiança plena de amor.

---

8. Os 2,16.
9. Cf. Fl 3,12.
10. Neste período a imagem do abismo, em Elisabete, provém sobretudo de Ruysbroeck (aqui, Ru 52-53).
11. "A vertente do amor": Ru 52. "A vertente da humildade": Ru 101.

"Um abismo clama por outro abismo"[12]. É aí, no mais profundo, que se operará o choque[13] divino, que o abismo do nosso nada, da nossa miséria, se encontrará frente a frente com o Abismo da misericórdia[14], da imensidade, do tudo de Deus. É aí que "encontraremos a força necessária para morrermos a nós mesmos e que, ao perdermos o nosso próprio rastro, seremos transformados em amor... Bem-aventurados os que morrem no Senhor"[15].

---

12. Sl 41,8 [Vulg.: Abyssus abyssum invocat...]. Citado em Ru 53.

13. Cf. Ru 40: "O choque faz-se na profundidade".

14. Esta imagem associa Ang. 234 ("...o duplo abismo, onde a imensidade divina está frente a frente com o nada do homem", e citada em GV 5) e (de modo menos forte) Ru 2.

15. Ap 14,13.

Segundo dia

O Reino de Deus em nós – O centro da alma – Transformados por amor – Imperfeições humanas e exigências divinas.

Primeira oração

5. *"O Reino de Deus está dentro de vós"*[16].

Há pouco, o Senhor nos convidava a permanecer nele, a viver pela alma na sua herança de glória[17]. Agora nos revela que não precisamos sair de nós mesmos para o encontrar: "O Reino de Deus está dentro de nós". São João da Cruz diz que "é na substância da alma, onde nem o demônio e nem o mundo podem chegar[18], que Deus se dá a nós. Então todos os seus movimentos se tornam divinos

---

16. Lc 17,21.
17. Ef 1,18.
18. CV 1,9.

e, sendo embora de Deus, são igualmente dela, porque Nosso Senhor os produz nela e com ela"[19].

6. O mesmo santo afirma ainda que Deus é o centro da alma. Quando ela houver chegado a Ele, segundo toda a capacidade do seu ser, e a força de sua operação e inclinação, terá atingido seu último e mais profundo centro em Deus; isto se realizará quando a alma com todas as suas forças compreender, amar e gozar plenamente a Deus. Não havendo chegado a tanto, como sucede nesta vida mortal em que a alma não pode ainda unir-se a Deus com a totalidade de suas forças, está sem dúvida no seu centro que é o mesmo Deus, mediante a graça e comunicação que dele recebe; contudo tem ainda força e movimento para ir mais avante, e não está satisfeita, porque, embora se ache no seu centro, não chegou ainda a maior profundidade, e pode penetrar mais adentro na profundeza de Deus. Como é o amor que une a alma a Deus, quanto mais intenso é este amor, tanto mais profundamente penetra ela em Deus e nele se concentra. Se ela possui um único grau de amor, já está no seu centro, mas quando este amor tiver atingido a sua perfeição, a alma terá

---

19. CV 1,9, São João da Cruz: *"y así todos los movimientos de tal alma son divinos; y, aunque son suyos, de ella lo son, porque los hace Dios en ella con ella…"*

penetrado no seu "centro mais profundo"[20]. É aí que ela será transformada a ponto de tornar-se muito semelhante a Deus. A esta alma, que vive "no interior de si mesma", podem aplicar-se as palavras do Padre Lacordaire a Santa Madalena: "Não pergunteis mais pelo Mestre a ninguém na terra ou no céu, porque Ele é vossa alma, e vossa alma é Ele"[21].

Segunda oração

7. *"Desce depressa, pois hoje devo ficar em tua casa"*[22].

O Divino Mestre repete constantemente à nossa alma esta palavra que Ele disse um dia a Zaqueu. "Desce depressa". Mas qual é este descer que Ele exige de nós senão uma imersão mais profunda em nosso abismo interior?[23] Este ato não é uma "separação superficial das coisas externas", mas é uma "solidão do espírito"[24], um desprendimento de tudo que não é Deus.

---

20. CV 1,11-13: "en lo más profundo..." Elisabete insiste nesta expressão colocando-a entre aspas.

21. *Sainte Marie-Madeleine*. Paris, Poussielgue-Rusand, 1860, p. 130.

22. Lc 19,5 [Vulg.: "...*festinans descende, nam iam in domo tua oportet me manere*"].

23. Embora a expressão "abismo interior" se encontre em Ru 158, sente-se a clara ressonância em Elisabete de Ru 3-5, em que há um comentário sobre Zaqueu, e onde "esta descida rápida que Deus exige é simplesmente uma imersão no abismo da Divindade".

24. Ru 118.

8. "Enquanto nossa vontade tem caprichos estranhos à união com Deus, fantasias contraditórias, nós permanecemos no estado de infância e não caminhamos a passo de gigante no amor; porque o fogo ainda não consumiu toda a escória. O ouro não está puro. Estamos ainda em busca de nós mesmos; Deus não destruiu ainda toda a nossa hostilidade para com Ele. Mas quando a fervura da caldeira purificou totalmente todo o amor vicioso, toda dor viciosa, todo o vicioso temor, então o amor torna-se perfeito, e o anel de ouro de nossa aliança mais largo do que o céu e a terra. Eis aí a adega secreta onde o amor introduz seus eleitos. Este amor nos arrasta por atalhos e veredas que somente ele conhece; e nos arrasta sem apelo, pois já não se pode mais retroceder"[25].

---

25. Toda esta passagem é tirada de Ru 157-159, com algumas omissões.

Terceiro dia

Amor eterno de Deus ao homem – Vontade divina e conduta humana – Deus prisioneiro da alma por amor – Morte espiritual e plenitude divina – Transformados em Cristo.

Primeira oração

9. *"Se alguém me ama, guardará minha Palavra e meu Pai o amará e a Ele viremos, e faremos nele a nossa morada"*[26].

Eis o Divino Mestre que nos manifesta mais uma vez o seu desejo de habitar em nós. "Se alguém me ama"! O amor, eis o que o atrai, o que arrasta Deus até a sua criatura. Não um amor feito de sensibilidade, mas este "amor forte como

---

26. Jo 14,23.

a morte... e que as águas imensas jamais poderão extinguir"[27].

10. "Porque amo meu Pai, faço sempre o que lhe agrada"[28]. Assim falava o Divino Mestre e toda alma que quiser viver em intimidade com Ele deve também viver esta máxima. A vontade de Deus deve ser o seu alimento, o seu pão de cada dia e deve deixar-se imolar por todos os desígnios do Pai a exemplo do seu Cristo adorado. Cada incidente, cada acontecimento, cada sofrimento e cada alegria, são um sacramento dado por Deus. Pois já não faz distinção entre estas coisas, mas transcende-as e ultrapassa-as, a fim de repousar, acima de tudo, em seu Divino Mestre. "Então o exalta bem alto na elevação de seu coração, sim, mais alto do que os seus dons ou as suas consolações, mais acima das doçuras que procedem dele"[29]. "A propriedade do amor é de nunca buscar a si mesmo, de nada reservar para si, mas de tudo dar àquele que ama. Feliz a alma que ama verdadeiramente; o Senhor torna-se cativo de seu amor!"[30]

---

27. Ct 8,6-7.
28. Jo 14,31 e 8,29.
29. Ru 9.
30. As duas citações finais são do CE 32,2 [São João da Cruz]: *"Es propriedad del amor perfecto no querer admitir ni tomar nada para*

Segunda oração

11. *"Vós estais mortos e a vossa vida está escondida com Cristo em Deus"*[31].

Eis como São Paulo nos vem dar uma luz para nos esclarecer sobre a senda do abismo. "Vós estais mortos". O que significa isto, senão que a alma desejosa de viver em intimidade com Deus, "na fortaleza inexpugnável do santo recolhimento, deve estar separada, despojada, alheada de todas as coisas?"[32] Esta alma encontra em si mesma uma vertente simples de amor, que a leva a Deus, seja o que for que façam as criaturas. Ela permanece invencível frente às instabilidades das coisas transitórias, porque vai além de tudo, visando somente a Deus[33].

---

sí ni atribuirse a si nada". Elisabete diz "buscar-se" [*"se rechercher"*] em lugar de "ocupar-se de si próprio" de São João da Cruz; e CE 32,1 *"Dichosa el alma que ama, pues tiene a Dios por prisionero rendido a todo lo que ella quisiere…"*

31. Cl 3,3 [Vulg.: *"Mortuienim estis, et vita vestra abscondita est cum Christoin Deo"*].

32. CE 40,3 [São João da Cruz]: *"en esta fortaleza y escondrijo de el interior recogimiento"*. Literalmente: *"a fortaleza, a cidadela inexpugnável do recolhimento interior"*.

33. Ru 117.

12. "Quotidie morior"[34]. Morro cada dia, diminuo[35], renuncio-me cada dia mais, a mim mesma, para que Cristo cresça e seja exaltado em mim. Permaneço humilde no fundo de minha pobreza. "Observo o meu nada, minha miséria, minha impotência. Reconheço-me incapaz de progresso e de perseverança. Vejo a multidão de minhas negligências e meus defeitos; contemplo-me em toda a minha indigência. Prostro-me diante de minha miséria e, reconhecendo minha absoluta pobreza, apresento-a diante da misericórdia de meu Divino Mestre"[36]. "Quotidie morior". Ponho a felicidade de minha alma (quanto à vontade e não à sensibilidade) em tudo quanto pode imolar-me, destruir-me, rebaixar-me, porque quero dar lugar ao meu Mestre. "Eu vivo, mas já não sou eu que vivo, pois é Cristo que vive em mim"[37]. Não desejo mais viver de minha própria vida, mas ser transformada em Jesus Cristo, para que a minha vida seja mais

---

34. "Morro cada dia": 1Cor 15,31.

35. Reminiscência de Jo 3,30 (que ela cita em UR, 39): "Ele, deve crescer; e eu, diminuir" (trad. do seu *Manual*) [*"Lui, il faut qu'il croisse et moi, que je diminue"*].

36. Cf. Ru 1-2. Ruysbroeck fala do justo. Elisabete substitui "ele" e "seu" por "eu" e "meu".

37. Cf. Gl 2,20.

divina do que humana[38] e que o Pai, ao contemplar-me, possa reconhecer em mim a imagem[39] do "Filho muito amado, no qual Ele pôs todas as suas complacências"[40].

---

38. Cf. CE 12,7; 22,6 [São João da Cruz]: *"aunque vivía el (San Paolo), no era vida, suya, porque estaba transformado en Cristo; que su vida más era divina que humana"*. São João da Cruz fala de São Paulo, mas Elisabete muda "sua" em "minha".

39. Cf. Rm 8,29: "a imagem do seu Filho", muitas vezes por ela citado.

40. Cf. Mt 17,5.

Quarto dia

O amor transformante de Deus – O eterno silêncio das almas – Imersos no fogo do amor – Vida trinitária da alma – Só amar é meu exercício.

Primeira oração

13. *"Deus ignis consumens"*[41].

Nosso Deus, escreve São Paulo, é fogo devorador, isto é, um fogo de amor que consome, que "transforma em si tudo quanto toca"[42]. As delícias do abraço divino se renovam no fundo de nosso ser mediante uma atividade que nunca se interrompe. O abraço do amor é um estado de mútua e eterna complacência. É uma renovação que acontece a cada momento no vínculo do amor[43]. Algumas

---

41. "Deus é fogo devorador": Hb 12,29, citando Dt 4,24.
42. CV 2,2: *"nuestro Señores fuego consumidor"*.
43. Ru 72.

almas "escolheram este lugar de repouso para nele descansar eternamente. Este é o silêncio onde elas, de certo modo, se perderam". "Libertadas de sua prisão, navegam no Oceano da Divindade sem que ninguém as estorve ou impeça"[44].

14. Quão doce e suave é para estas almas a morte mística da qual São Paulo nos falava ontem! Elas pensam muito menos no trabalho de destruição e de despojamento que ainda lhes resta fazer, do que em se lançar na Fornalha de amor que nelas arde. Esse amor é o Espírito Santo. É o mesmo amor que une o Pai com o Verbo no seio da Santíssima Trindade. Estas almas "penetram em Deus pela fé viva, e cheias de simplicidade, de paz. Ele as conduz para além das coisas criadas e dos gostos sensíveis até a 'treva sagrada' ficando transformadas em imagem de Deus"[45]. Segundo a expressão de São João, elas vivem "em sociedade"[46], com as Três Pessoas adoráveis, em comunhão de vida. Nisto

---

44. Ru 72-73. Elisabete omite o termo "caliginoso" depois de "silêncio". Na segunda parte, muda "nós" por "elas".

45. Ruysbroeck, *Livre Cinquième. Contemplation. Le Thabor*, pp. 144-145. Elisabete introduz neste texto algumas variantes. Chama o Verbo "Imagem de Deus" ao invés de "Imagem do Pai" como diz Ruysbroeck e introduz a expressão "gostos sensíveis" que não se encontra no místico belga.

46. 1Jo 1,3 [gr. *koinonía*, lat. *communio*].

consiste a vida contemplativa. É uma contemplação que conduz à posse[47]. Ora, esta posse simples é a vida eterna intimamente saboreada. É aí que, acima da razão, nos espera a tranquilidade profunda da divina imutabilidade"[48].

Segunda oração

15. *"Eu vim trazer fogo à terra, e como desejaria que já estivesse aceso!"*[49]

É o próprio Mestre que nos vem exprimir o seu desejo de ver arder o fogo do amor. De fato, "todas as nossas obras, todos os nossos trabalhos não são nada diante de Deus. Não podemos dar-lhe nada, nem satisfazer o seu único desejo, que é o de elevar a dignidade da nossa alma". Nada lhe agrada tanto quanto vê-la crescer. Ora, nada pode elevá-la tanto quanto se tornar de alguma forma igual a Deus. Eis por que Ele exige dela o tributo do seu amor, por ser próprio do amor igualar, na medida do possível, aquele que ama ao amado. A alma que ama desta forma se mostra igual a Jesus Cristo, porque a

---

47. Ru 145.
48. Ru 147, com algumas adaptações.
49. Lc 12,49.

afeição recíproca torna tudo comum entre eles. "Eu vos chamo de amigos, porque tudo o que ouvi do Pai eu vos dei a conhecer"[50].

16. Porém, para chegar a este amor, é necessário que a alma, antes, "se entregue totalmente"[51]. Sua vontade deve, pouco a pouco, perder-se na de Deus[52], de modo que suas "inclinações" e "faculdades" só se movam dentro desse amor e para esse amor. Tudo faço por amor e tudo sofro por amor – tal é o sentido das palavras de Davi: "Guardarei em Vós toda a minha força"[53]. Então o amor a enche de tal forma, absorve-a e protege-a tão bem, que ela encontra por toda parte o segredo de como crescer no amor. Mesmo em suas relações com o mundo[54], nos cuidados da vida, ela tem o direito de dizer: "a minha única ocupação é amar"[55].

---

50. CE canção 28,1. Esta citação inclui aexpressão bíblica do final do parágrafo: Jo 15,15.

51. CE 28,2.

52. CE 28,10.

53. Sl 58,10 [Vulg.: *"Fortitudinem meam ad te custodiam. Robur meam ad te attendam"*]. Citado em CE 28,8: *"Mi fortaleza guardaré para ti"*. Tudo o que se encontra entre aspas a partir de "inclinações" é tirado do CE 28,4.8.

54. CE 27,7, com algumas adaptações gramaticais.

55. CE 28,9: *"ya solo en amar es mi exercicio"*.

Quinto dia

A chegada sempre nova de Deus – O Deus da graça e o Deus da eternidade – A Eucaristia, testemunho do amor – Cristo vivendo nas almas – A unidade pelo amor.

Primeira oração

17. *"Eis que estou à porta e bato: se alguém ouvir minha voz e abrir a porta, entrarei em sua casa e cearei com ele e ele comigo"*[56].

Ditosos os ouvidos da alma que se encontra suficientemente vigilante e recolhida para ouvir esta voz do Verbo de Deus. Ditosos também os olhos[57] desta alma que, à luz da fé viva e profunda, pode assistir à chegada do Mestre em seu santuário interior. Mas, em que consiste esta chegada? "É uma geração incessante, uma ilustração sem defeito. O Cristo vem

---
56. Ap 3,20.
57. Cf. Mt 13,16.

com seus tesouros; mas tal é o mistério da rapidez divina, que ele chega continuamente, sempre pela primeira vez, como se jamais tivesse vindo; porque sua chegada independe do tempo, consiste num eterno 'agora'[58]. E um eterno desejo renova eternamente as alegrias da sua chegada. As delícias que ele traz são infinitas, pois elas são Ele mesmo. A capacidade da alma, dilatada pela chegada do Mestre, parece sair de si mesma para ultrapassar os muros e chegar à imensidão daquele que chega. E então acontece o seguinte fenômeno: É Deus que, no íntimo de nós, recebe Deus vindo a nós. E Deus contempla Deus! Deus em quem consiste a beatitude"[59].

Segunda oração

18. *"Quem come a minha carne e bebe o meu sangue, permanece em mim e eu nele"*[60].

---

58. Elisabete expressa (como no tipo gráfico de Ru 64) o termo "agora" e realça-o com as aspas.

59. Todo este trecho da "chegada" do Mestre é tirado de Ru 64-65 (com algumas omissões insignificantes). É notável que ela muda a expressão "Esposo" de Ruysbroeck pelo seu chamamento predileto "Mestre" (duas vezes) e "Cristo" (uma vez). Em CT 18, mudará uma vez por "Ele". Faz isto por causa da Guita, que é casada (com um "esposo" humano?) [N.T.: Esta última suposição, interrogada por C. de Meester, parece-nos redutora do sentido profundamente espiritual do magistério de Elisabete da Trindade].

60. Jo 6,56.

O primeiro sinal do amor é que Jesus nos deu sua carne para comer, seu sangue para beber. É próprio do amor dar sempre e sempre receber. Ora, o amor de Cristo[61] é generoso. Dá tudo quanto tem e tudo o que é. Em troca se apossa de tudo quanto temos e de tudo o que somos. Ele pede mais do que por nós mesmos seríamos capazes de dar. Jesus tem uma fome imensa, que nos quer devorar totalmente. Ele penetra até a medula de nossos ossos. E quanto mais amorosamente lho permitimos, mais plenamente dele saboreamos. Ele conhece a nossa pobreza, mas não faz caso disso e nem nos dispensa. Em nós, Ele próprio faz o seu pão, primeiramente queimando no seu amor nossos vícios, faltas e pecados. Depois, quando nos vê puros, chega faminto como um abutre para tudo devorar. Ele quer consumir nossa vida para mudá-la na sua: a nossa cheia de vícios; a sua, cheia de graça e de glória, totalmente preparada para nós, com a única condição de nos renunciarmos a nós mesmos. Se nossos olhos fossem suficientemente purificados para ver esse ávido apetite do Cristo fa-

---

61. O texto de RuysbroecK, que estamos lendo depois de "O primeiro sinal..." contém: "Ora o amor de Jesus é ávido e generoso". Elisabete omite a expressão "ávido" (que transcreverá mais à frente). Notar também que muda o nome de "Jesus" por "Cristo".

minto de nossa salvação, todos os nossos esforços não nos impediriam de nos deixar envolver por sua boca aberta. Isto parece absurdo, mas quem ama compreenderá.

Quando recebemos Cristo com atitude de íntima abnegação, seu sangue cheio de calor e de glória corre em nossas veias, o fogo invade o nosso íntimo e a semelhança de suas virtudes chega a nós. Então Ele vive em nós e nós vivemos nele. Ele nos dá sua alma com a plenitude da graça pela qual a alma persevera na caridade e no amor do Pai! O amor atrai a si seu objeto próprio. Nós atraímos Jesus a nós mesmos. Jesus nos arrasta para si. É então quando arrebatados mais além de nosso ser na interioridade do amor, caminhamos com o olhar posto em Deus a seu encontro, ao encontro do seu Espírito que é seu amor. E este amor nos abrasa, consome-nos, atrai-nos para a unidade onde nos espera a bem-aventurança. Jesus Cristo pensava nisto quando dizia: "Desejei ardentemente comer esta Páscoa convosco"[62].

---

62. Todo este parágrafo, a partir de: "O primeiro sinal…", é tirado de Ru 151-154, inclusive a citação final: Lc 22,15.

Sexto dia

Fé sobrenatural e possessão divina – O Deus oculto de nossa fé – Cremos no Amor – A pureza de intenção – Sua força vital e transformante – Contato da alma com Deus.

Primeira oração

19. *"Para aproximar-se de Deus é preciso crer"*[63].

É São Paulo quem assim fala. E diz também: "A fé é a posse antecipada do que se espera, um meio de demonstrar as realidades que não se veem"[64]. Quer dizer que "a fé torna os bens futuros tão certos e presentes que, por ela, eles tomam existência em nossa alma e nela subsistem antes mesmo que possamos deles gozar"[65]. São João da Cruz diz

---

63. Hb 11,6.
64. Hb 11,1.
65. Comentário do Cônego Gaume sobre esta passagem de Hb 11,1, e que constava do *Manual* utilizado por Elisabete.

que ela serve de pés para irmos a Deus[66] e, ainda, que "é a posse em estado obscuro"[67]. Só ela pode dar-nos verdadeiras luzes sobre aquele que amamos, e nossa alma deve "escolhê-la como meio para chegar à união divina"[68]. "É ela que derrama, com abundância, em todos nós, os bens espirituais. Jesus Cristo, falando à samaritana, designava a fé, ao prometer a todos os que nele cressem 'uma fonte de água viva que jorraria até a vida eterna'"[69]. "Assim, pois, a fé nos dá Deus desde esta vida, ainda que velado, mas é Deus mesmo"[70]. "Quando chegar o que é perfeito (isto é, a visão clara), o que é imperfeito (em outros termos, o conhecimento pela fé) receberá toda a sua perfeição"[71].

20. "Temos reconhecido o amor de Deus por nós e nele cremos"[72]. Aí está o grande ato de nossa fé, o meio de retribuir a Deus amor com amor, é

---

66. CE 1,11: [*"la fe... son los pies con que el alma va a Dios"*].
67. CE 12,3: [*"la fe nos las (verdades) propone oscuras y encubiertas"*]. Literalmente: "a posse da verdade em estado obscuro".
68. CE 12,2.
69. CE 12,3: contendo Jo 4,14 [*"haría una fuente cuya agua saltaría hasta la vida eterna"*].
70. CE 12,4.
71. CE 12,6, contendo 1Cor 13,10.
72. 1Jo 4,16.

o "segredo escondido"[73] no coração do Pai, de que fala São Paulo, onde conseguimos afinal penetrar e toda a nossa alma exulta[74]. Quando ela sabe crer no "grande amor"[75] que a envolve, pode-se dizer dela o que se dizia de Moisés: "Era inabalável na fé como se houvera visto o Invisível"[76]. Não se detém mais nos gostos, nos sentimentos; pouco lhe importa sentir ou não a Deus, pouco lhe importa que lhe mande gozo ou sofrimento: crê em seu amor. Mais a alma é provada, mais aumenta a sua fé, porque transpõe, por assim dizer, todos os obstáculos para ir repousar no seio do amor infinito, cujas obras só podem ser de amor. Por isso a voz do Mestre pode segredar a esta alma, assim desperta na fé[77], aquela palavra

---

73. Cl 1,26: "O segredo escondido" [gr. *Mystérion tò apokekrymménon*; Vulg.: *mysterium quod absconditum*].

74. Elisabete cita aqui de memória a carta do Pe. Vallée que recentemente havia recebido: Nós conhecemos o amor que Deus nos tem, e nós acreditamos nele [...]. Crer que assim somos amados é o grande ato da nossa fé, é o meio de pagar ao nosso Deus crucificado amor com amor, é o "segredo escondido", desde o começo dos tempos, no coração de Deus, finalmente penetrado, e todo o nosso coração exultando, enfim, com a vida que o transborda e para a qual foi feito.

75. Ef 2,4 [Vulg.: *"propter nimian caritatem suam"*].

76. Hb 11,27.

77. Elevação à Santíssima Trindade.

íntima que um dia Ele dirigiu a Maria Madalena: "Tua fé te salvou; vai em paz"[78].

Segunda oração

21. *"Se teu olho for simples, todo o teu corpo será iluminado"*[79].

Qual é este olho simples de que nos fala o Mestre senão aquela simplicidade de intenção que une todas as forças dispersas da alma e une a Deus o próprio espírito? É a simplicidade que presta a Deus honra e louvor. É ela que lhe apresenta e lhe oferece as virtudes. Depois, penetrando em si mesma e ultrapassando seu ser, penetrando e ultrapassando o ser das criaturas, ela encontra Deus em seu íntimo. Ela é o princípio e o fim das virtudes, seu esplendor e sua glória. Eu chamo intenção simples aquela que só visa a Deus, atribuindo tudo a Ele. É ela que põe o homem em presença de Deus; que lhe dá luz e coragem; é ela que o torna vazio e livre, agora e no dia do julgamento e o liberta de todo temor. Ela é o declive interior e fundamento de

---

78. Lc 7,50.

79. Mt 6,22 [Vulg.: *"Si ergofuerit oculustuus simplex, totum corpus tuum lucidumerit"*].

toda a vida espiritual. Ela esmaga aos pés a natureza viciada, dá a paz, impõe silêncio aos ruídos vãos que se fazem em nós. É ela que faz crescer em nós a cada momento nossa semelhança com Deus. E depois, além dos intermediários, é ela que também nos transportará à profundeza onde Deus habita e nos dará o repouso do abismo. A herança que a eternidade nos preparou é a simplicidade que no-la dará. Toda a vida espiritual e toda virtude interior consistem na semelhança divina, na simplicidade. E seu repouso supremo dá-se na altura e também na simplicidade. Segundo a medida de seu amor, cada espírito tem uma procura de Deus mais ou menos profunda em seu próprio íntimo[80]. A alma simples, elevando-se pela virtude de seu olhar interior, entra em si mesma e contempla no próprio abismo o santuário onde se realiza o toque da Santíssima Trindade[81]. Assim, ela penetrou em sua profundeza "até o alicerce que é a porta da vida eterna"[82].

---

80. Quase todo este parágrafo, a partir de "simplicidade de intenção", é tirado de Ru 33-35, com omissões.

81. Ru 36. Ru 35-36 fala do "toque" de Cristo; Elisabete dá-lhe sua nota pessoal: "toque da Santíssima Trindade".

82. Ru 37.

Sétimo dia

Nosso exemplar divino – Novos horizontes da alma – Portadores da imagem de Deus – Quem é mais santo? – Irradiação divina sobre a alma – União total com Deus, nossa imagem.

Primeira oração

22. *"Deus nos escolheu nele, antes da criação do mundo, para sermos santos e imaculados em sua presença, no amor"*[83].

"A Santíssima Trindade nos criou à sua imagem, de acordo com o exemplar eterno que ela possuía de nós em seu seio, antes da criação do mundo"[84], "naquele princípio sem princípio" de que fala Bossuet[85] com base em São João: "In principio

---

83. Ef 1,4 [Vulg.: *"elegit nos in ipso ante mundi constitutionem, ut essemus sancti et immaculati in conspepectu eius in caritate…"*].
84. Ru 68.
85. *Élévations à Dieu sur tous les mystères de la religion chrétienne* (Besançon-Lille-Paris, 1845, p. 250): "no começo, sem começo, antes de todo o começo, acima de todo o começo…"

erat Verbum"[86], "no princípio existia o Verbo". E pode-se acrescentar: no começo era o nada, porque Deus em sua eterna solidão já nos trazia em seu pensamento[87]. "O Pai contempla-se a si mesmo no abismo de sua fecundidade, e eis que, pelo mesmo ato de se compreender, Ele gera outra pessoa, o Filho, seu Verbo eterno. O tipo de todas as criaturas, que ainda não tinham saído do nada, residia eternamente nele, e Deus as via e contemplava no seu tipo, isto é, em si mesmo. Esta vida eterna que nossos tipos possuem sem nós em Deus é a causa de nossa criação".

23. "Nossa essência criada exige o reencontro com seu princípio"[88]. O Verbo, esplendor do Pai, é o tipo eterno no qual são desenhadas as criaturas no dia de sua criação. Eis por que Deus quer que, livres de nós mesmos, elevemos os braços para nosso exemplar e que o possuamos, elevando-nos

---

86. Jo 1,1.

87. Elisabete quer sem dúvida dizer: não houve, em certo sentido, começo, pois, desde toda a eternidade, Deus pensava já em nós [N.T.: Não se julga tão plausível esta interpretação do "não começo", mas que Elisabete queira referir, como diz a seguir que *todas as criaturas que ainda não tinham saído do nada* (cf. *creatio ex nihilo*), eram já contempladas na presciência divina e antecipadas eternamente na visão modelar e prototípica no Exemplar do Verbo, na vida trinitária. É a criação do "*nihilum*" como modo exemplar de referir, pela teologia negativa ou apofática, a transcendência de Deus].

88. A partir de "O Pai contempla-se…" é tirado de Ru 67.

sobre todas as coisas em direção a nosso modelo. Esta contemplação abre horizontes inesperados à alma e ela já "possui de certo modo a coroa a que aspira"[89]. "As imensas riquezas que Deus possui por natureza, nós podemos possuir pela virtude do amor, por sua inabitação em nós, por nossa inabitação nele"[90]. "É por essa virtude de amor imenso"[91] que nós somos atraídos para o mais profundo de nosso santuário interior, onde Deus "imprime em nós uma certa imagem de sua majestade"[92]. Portanto, é graças ao amor e pelo amor, como diz o Apóstolo, que podemos ser imaculados e santos na presença de Deus[93] e cantar com Davi: "Serei sem mancha e me defenderei da profunda iniquidade que está em mim"[94].

---

89. Ru 67-69 (*passim*), com certas adaptações gramaticais.
90. Ru 66.
91. Ru 66.
92. Ru 70. Literalmente: "imprimindo sobre a alma arrebatada" etc.
93. Ef 1,4.
94. Sl 17,24 (v. 26 no *Manual*, que traz esta tradução).

Segunda oração

24. *"Sede santos porque eu sou santo"*[95].

É o Senhor quem fala assim. "Qualquer que seja o nosso modo de vida ou o hábito que levamos, cada um de nós deve ser o santo de Deus[96].

Quem é, pois, o mais santo? É aquele que mais ama, aquele que mais olha para Deus e que atende mais plenamente às exigências do seu olhar"[97]. Como satisfazer as exigências desse olhar de Deus? Permanecendo simples e amorosamente[98] voltado para ele, a fim de que ele possa espelhar sua própria imagem, como o sol se espelha através de um puro cristal. "Façamos o homem à nossa imagem e semelhança"[99]: tal foi o grande desejo do coração de nosso Deus. "Sem a semelhança que vem da graça, a condenação eterna nos espera. Quando Deus nos vê capazes de receber sua graça, sua livre-bondade está disposta a nos outorgar o dom que nos assemelha a Ele. Nossa aptidão para receber sua graça depende

---

95. 1Pd 1,16, citando Lv 11,44.45 [*"Sancti eritis"*, *quia ego sanctus sum*].
96. Ru 157.
97. Ru 113.
98. CV 3,34.
99. Gn 1,26.

da integridade interior com a qual nós nos movemos para Ele. E Deus, comunicando-nos seus dons, pode então se dar a nós, imprimir em nós sua semelhança, absolver-nos e libertar-nos"[100].

25. "A mais alta perfeição nesta vida, diz um piedoso autor[101], consiste em ficar de tal modo unido a Deus, que a alma com todas as suas faculdades e suas potências fique recolhida em Deus; que suas afeições unidas nas alegrias do amor não encontrem descanso senão na posse do Criador. A imagem de Deus impressa na alma é, com efeito, constituída pela razão, pela memória e pela vontade. Enquanto estas faculdades não trazem a imagem perfeita de Deus, elas não se assemelham a Ele como no dia da criação. A forma da alma é Deus, que deve imprimir-se aí como o carimbo na cera, como a marca em seu objeto. Ora, isto só se realiza plenamente se a razão estiver esclarecida pelo conhecimento de Deus;

---

100. Ru 48, com adaptações gramaticais no final.

101. Este "piedoso autor" é primeiramente Santo Alberto Magno, *De l'union avec Dieu* (Fribourg, Saint-Paul, 1895, 136 p.). Mas Martin Grabmann (cf. *Benediktinische Monatschrift*, 2, 1920, p. 201ss.) demonstrou que este tratado é na verdade do monge beneditino João de Castelo. Cf. artigo *Johannes von Kastel*, em *Lexikon für Theologie und Kirche*, V, col. 1049. Notemos que, em todo este número 25, Elisabete não faz mais do que copiar a sua "devoção do retiro" de 1904.

se a vontade estiver presa ao amor do bem soberano; se a memória estiver totalmente absorvida na contemplação e no gozo da eterna felicidade. E como a glória dos bem-aventurados não é outra coisa senão a perfeita posse desse estado, fica claro que a posse começada destes bens constitui a perfeição nesta vida. Para realizar este ideal é preciso manter-se recolhido dentro de si mesmo, manter-se em silêncio na presença de Deus, enquanto a alma se abisma, se dilata, se inflama e se funde nele com uma plenitude sem limites".

Oitavo dia

O mistério de nossa predestinação – Partícipes da natureza divina – Imitando a Cristo – A vontade do Pai – Crucificados por amor.

Primeira oração

26. *"Os que, de antemão, Ele conheceu, esses também predestinou a serem conformes à imagem do seu Filho... E os que predestinou, também os chamou; e os que chamou, também os justificou e os que justificou, também os glorificou. Depois disto, que nos resta a dizer? Se Deus está conosco, quem estará contra nós? Quem me separará do amor de Cristo?"*[102].

É assim que, ao olhar iluminado do Apóstolo, aparece o mistério da predestinação, o mistério da

---

102. Rm 8,29-31.35. Elisabete escreve "me" em lugar de "nos" [cp. V. 35 Vulg.: *"Quis nos separabit a caritate Christi?"*]. Esta acentuação pessoal é comovente no meio dos grandes sofrimentos que já padece.

eleição divina. "Os que ele conheceu". Não somos nós deste número? O Senhor não poderia dizer à nossa alma o que disse em outra ocasião por seu profeta: "Passei junto de ti e te vi. Era o teu tempo, tempo de amores. Estendi sobre ti o meu manto e cobri tua nudez; depois fiz contigo uma aliança ligando-me a ti por juramento, e fiz aliança contigo e tu te tornaste minha?"[103]

27. Sim, nós lhe pertencemos pelo Batismo; é o que São Paulo quer significar com estas palavras: "Ele os chamou". Sim, fomos chamadas a receber o selo da Santíssima Trindade, ao mesmo tempo em que nos tornamos, segundo diz São Pedro: "participantes da natureza divina"[104]; recebemos um "início de seu ser…"[105] Em seguida, "nos justificou" pelos sacramentos, por toques diretos, no recolhimento profundo de nossa alma[106]; "justificados que fomos também pela fé"[107] e segundo a medida da nossa fé na redenção que Jesus Cristo adquiriu para nós. Enfim, Ele quer glorificar-nos. Por isso, São Paulo

---

103. Ez 16,8. Elisabete segue a tradução do CE 23,6, no feminino ("alma").
104. 2Pd 1,4.
105. Hb 3,14 [Vulg.: *"si tamen initium substantiae…"*].
106. Elisabete refere-se a CE 1,17-19.
107. Rm 5,1.

diz: "tornou-nos capazes de participar da herança dos santos na luz"[108]. Mas só seremos glorificados à medida que tivermos sido conformes à imagem de seu divino Filho[109]. Contemplemos, pois, esta imagem adorável, permaneçamos continuamente sob sua irradiação para que ela se imprima em nós. Depois façamos todas as coisas com as atitudes de espírito com as quais faria o nosso Mestre divino; realizaremos, então, a grande vontade pela qual Deus decidiu, "em si mesmo", "restaurar todas as coisas em Cristo"[110].

Segunda oração

28. *"Tudo eu considero perda, pela excelência do conhecimento de Cristo Jesus, meu Senhor. Por Ele, eu perdi tudo e tudo tenho como esterco, para ganhar a Cristo; para conhecê-lo, conhecer o poder da sua ressurreição e a participação nos seus sofrimentos, conformando-me com Ele na sua morte. Não que eu já tenha alcançado [essa meta] ou que já seja perfeito, mas vou prosseguindo para ver se a alcanço, pois que*

---

108. Cl 1,12.
109. Rm 8,29.
110. Ef 1,9-10 [*"Restaurar em Cristo"*. É o célebre tema da "recapitulação": cf. *"recapitulare omnia in Christo* (v. 10)"].

também já fui alcançado por Cristo Jesus. Uma coisa faço: esquecendo-me do que fica para trás e avançando para o que está adiante, prossigo para o alvo, para o prêmio da vocação do alto, que vem de Deus em Cristo Jesus"[111]. Isto é, eu não quero mais nada a não ser a identificação com Ele. "Mihi vivere Christus est. Para mim, viver é Cristo!..."[112]

A alma ardente de São Paulo está toda nestas linhas. Durante este retiro[113], cuja finalidade é a de tornar-nos mais conformes a nosso Mestre adorável; mais ainda, é fundir-nos de tal maneira nele que possamos dizer: "Eu vivo, mas já não sou eu que vivo, pois é Cristo que vive em mim. Minha vida presente na carne, eu a vivo pela fé no Filho de Deus, que me amou e se entregou a si mesmo por mim"[114]. Estudemos este Modelo divino. Diz-nos o Apóstolo que seu conhecimento "é tão transcendente!"[115]

29. E que disse ele ao entrar no mundo? "Tu não quiseste sacrifício e oferenda. Tu, porém,

---

111. Fl 3,8.10.12-14.
112. Fl 1,21.
113. Elisabete explica o centro e a finalidade deste retiro que vai dedicar a Guita, sua irmã: a união com Deus e conformidade com Cristo.
114. Gl 2,20.
115. Fl 3,8 [Vulg.: *"eminentiam scientiae Christi..."*].

formaste-me um corpo... eu vim, ó Deus, para fazer a tua vontade"[116]. Durante os seus 33 anos de vida terrena, esta vontade lhe foi de tal modo o pão de cotidiano que, no instante de entregar a sua alma nas mãos do Pai, pode dizer: "Tudo está consumado!"[117]. Sim, os vossos desejos foram todos cumpridos e eis por que "eu vos glorifiquei na terra"[118]. Com efeito, Jesus Cristo, falando a seus apóstolos a respeito deste alimento que eles não conheciam, dizia-lhes: "Meu alimento é fazer a vontade daquele que me enviou"[119]. Ele também podia afirmar: "Jamais estou sozinho". "Aquele que me enviou está sempre comigo, porque faço sempre aquilo que lhe agrada"[120].

30. Comamos com amor este pão da vontade de Deus. Se, às vezes, os seus desejos são mais cruciantes, podemos, sem dúvida, dizer com o nosso adorável Mestre: "Pai, se é possível, que se afaste de mim esse cálice". Mas logo acrescentaremos: "Não seja como eu quero, mas como vós quereis"[121]. Então

---

116. Hb 10,5-7 (paráfrase).
117. Jo 19,30.
118. Jo 17,4.
119. Jo 4,34.
120. Jo 8,29.
121. Mt 26,39.

subiremos também nós com serenidade e fortaleza em companhia do divino Crucificado o nosso Calvário, cantando no íntimo da alma, e elevando ao Pai um hino de ação de graças, pois os que percorrem este caminho doloroso são "aqueles que Ele conheceu e predestinou para serem conformes à imagem de seu divino Filho"[122], o Crucificado por amor!

---

122. Rm 8,29.

Nono dia

Filhos de Deus por adoção – Nosso modelo de santidade – Adoradores do Pai em espírito e em verdade – Ingratidão e malícia do pecado – O pecado como instrumento de salvação e de humildade.

Primeira oração

31. *"Deus nos predestinou para sermos seus filhos adotivos por Jesus Cristo, conforme o beneplácito da sua vontade, para louvor e glória da sua graça, com a qual Ele nos agraciou no Amado, no qual temos a redenção pelo seu sangue, a remissão dos pecados, segundo a riqueza da sua graça, que Ele derramou profusamente sobre nós, infundindo-nos toda sabedoria e prudência"*[123].

A alma que se tornou realmente filha de Deus, segundo a palavra do Apóstolo, é movida pelo próprio Espírito Santo: "Todos os que são conduzidos

---

123. Ef 1,5-8.

pelo Espírito de Deus, são filhos de Deus"[124]. E ainda: "Não recebestes o espírito de escravos, para recair no temor, mas recebestes o espírito de filhos adotivos, no qual clamamos: 'Abbá Pai!' O próprio Espírito se une ao nosso espírito para testemunhar que somos filhos de Deus. E, se somos filhos de Deus, somos também herdeiros; herdeiros de Deus e co-herdeiros de Cristo, pois sofremos com Ele, para também com Ele sermos glorificados"[125]. É para fazer-nos chegar a este abismo de glória[126] que Deus nos criou à sua imagem e semelhança[127].

"Vede, diz São João, que prova de amor nos deu o Pai, sermos chamados filhos de Deus. E nós o somos... Caríssimos, desde já somos filhos de Deus, mas o que nós seremos ainda não se manifestou. Sabemos que, por ocasião desta manifestação, seremos semelhantes a Ele, porque o veremos tal como Ele é. Todo o que nele tem esta esperança, santifica-se a si mesmo, como também Ele é santo"[128].

---

124. CV 2,34, contendo Rm 8,14.
125. Rm 8,15-17.
126. Toda esta frase, com a alusão bíblica, é retirada do CE 39,5.
127. Gn 1,26.
128. Cf. 1Jo 3,1a.2-3.

32. Eis a medida de santidade dos filhos de Deus: "ser santo como Deus é santo, ser santo da própria santidade de Deus"[129], e isto vivendo intimamente com Ele, no fundo do abismo sem fundo[130], "dentro de nosso ser". "A alma parece adquirir, então, uma certa semelhança com Deus, o qual, embora encontre delícias em todas as criaturas, não pode encontrar tanto quanto em si mesmo, porque possui, em si mesmo, um bem supremo, diante do qual desaparecem todos os outros bens. Também todas as alegrias que a alma sente, são, para ela, outros tantos sinais, que a convidam a saborear, de preferência, o Bem que ela possui, ao qual nenhum outro pode ser comparado"[131]. "Pai nosso que estais nos céus"[132]. É neste pequeno céu[133], criado por Ele no

---

129. Eco de 1Jo 3,3, que acaba de citar.

130. "Abismo sem fundo": forma criada por Elisabete, que repetirá ainda neste retiro no n. 43 e no UR1.

131. CE 21,12. Elisabete omite "bens substanciais e permanentes" depois do termo "posse".

132. Mt 6,9.

133. Cf. Santa Teresa de Jesus, CP 28,5: "Aquelas que puderem se recolher nesse pequeno céu de nossa alma onde está Aquele…" Teresa está a comentar o Pai-nosso (que Elisabete acaba de citar); gosta muito também da Samaritana e acentua as "obras" e os "atos". Elisabete entra aqui mais explicitamente no "clima" de Santa Teresa.

centro de nossa alma, que devemos procurá-lo e, sobretudo, permanecer[134].

33. Cristo, um dia, disse à samaritana que o "Pai estava procurando adoradores em espírito e em verdade"[135]. Para alegrar o seu coração, sejamos essas grandes adoradoras. Adoremo-lo "em espírito", isto é, tenhamos o coração e o pensamento fixos nele, com o espírito cheio de seu conhecimento pela luz da fé. Adoremo-lo "em verdade", isto é, por meio das nossas obras, pois nossa veracidade[136] se manifesta através de nossa conduta. Adorá-lo "em verdade" é fazer sempre o que agrada ao Pai[137], de quem somos filhos. Enfim, adoremos "em espírito e em verdade", isto é, por Jesus Cristo e com Jesus Cristo, pois só Ele é o verdadeiro adorador, em espírito e em verdade.

34. Seremos então filhas[138] de Deus, e conheceremos por experiência a verdade destas palavras

---

134. Reminiscência do CE estrofe 1: é "no fundo mais íntimo da alma" que se deve "buscar" Deus (CE 1,7) e "permanecer" (CE 1,10) com Ele.

135. Cf. Jo 4,23.

136. Insistência de Teresa de Jesus, bem conhecida no Carmelo (3M 1 e 7M 4).

137. Jo 8,29.

138. "Filhas" em feminino. Elisabete pensa sempre em Guita. Na

de Isaías: "Sereis carregados ao colo e acariciados sobre os joelhos". Com efeito, a única ocupação de Deus parece consistir em cumular a alma de carícias e de sinais de afeição, como uma mãe que cria o seu filho e o amamenta com o seu leite[139]. Oh! Permaneçamos à escuta da voz misteriosa do nosso Pai: "Minha filha, diz Ele, dá-me o teu coração"[140].

Segunda oração

35. *"Deus, que é rico em misericórdia, pelo grande amor com que nos amou, quando estávamos mortos em nossos pecados, nos vivificou junto com Cristo"*[141]. *"Todos pecaram e todos estão privados da glória de Deus; e são justificados gratuitamente por sua graça, em virtude da redenção realizada em Cristo Jesus, que Deus estabeleceu como propiciação pelos pecados, mostrando que Ele é justo e justifica quem tem fé nele"*[142].

---

citação do CE que segue, o filho está também em feminino, como em Pr 23,26.

139. CE 27,1, com adaptações gramaticais, contendo Is 66,12.

140. Pr 23,26 [N.T.: Escreve "minha filha" para aplicar o texto a sua irmã Guita].

141. Cf. Ef 2,4-5 [Vulg.: *"...dives est in misericordia, propter nimiam caritatem suam, qua dilexit nos..."*].

142. Rm 3,23-26.

"O pecado é um mal tão horrível que, para procurar um bem, por pequeno que seja, ou para evitar um mal qualquer, nenhum pecado deve ser cometido. Ora, já cometemos um grande número. Como poderemos não desfalecer de adoração quando nos submergimos no abismo da misericórdia e quando os olhos de nossa alma contemplam o fato de que Deus apagou nossos pecados?"[143]. Ele o disse: "Sou eu o que apaga as tuas transgressões, e já não me lembro dos teus pecados"[144].

"O Senhor, em sua clemência, quis que nossos pecados atuem contra eles mesmos e para nosso bem; descobriu o meio de que nos sejam úteis, pondo-os em nossas mãos como instrumento de salvação. Porém, isto não deve diminuir em nada nosso horror pelo pecado, nem nossa dor por ter pecado. De todos os modos nossos pecados se converteram para nós em fonte de humildade..."[145]

36. Quando a alma "considera no íntimo de seu ser, com os olhos abrasados de amor, a imensidade de Deus, sua fidelidade, suas provas de amor,

---

143. Ru 169. Elisabete omite "nem mortal, nem venial", depois de "cometido".

144. Is 43,25.

145. Ru 169-170.

seus benefícios que nada podem acrescentar à sua felicidade e quando, depois, contemplando-se a si mesma vê as ofensas que cometeu contra a imensidade de Deus, retorna ao fundo de seu próprio ser desprezando-se tão profundamente que não sabe como suportar sua culpa[146]. O melhor que pode fazer é lamentar-se diante do Senhor, seu amigo, das forças do desprezo que a traem, não a rebaixando tanto como quisera. A alma se submete à vontade divina e encontra nesse abandono interior a paz verdadeira, invencível e perfeita, que nada pode perturbar, pois se submergiu num abismo tão profundo que ninguém irá encontrá-la"[147].

37. "Se alguém me afirmasse que ter encontrado o fundo é estar submerso na humildade, eu nunca o desmentiria. Parece-me, entretanto, que estar imerso na humildade é submergir-se em Deus porque Deus é o fundo do abismo. É por isso que a humildade, como a caridade, é sempre susceptível de perfeição[148]. Visto que esse fundo de humildade

---

146. Ru 97. Elisabete muda "o homem" de Ruysbroeck (e a estrutura gramatical no masculino) por "a alma". Ligeiras omissões, entre outras o termo "essência" (de Deus).

147. Ru 98. Mesma mudança para o feminino como na nota precedente.

148. Ru 99.

é o vaso que se necessita, o vaso capaz de receber a graça divina e onde Deus quer derramá-la, sejamos humildes[149]. O humilde nem elevará a Deus demasiado alto, nem ele mesmo descerá demasiado baixo. Mas aqui está a maravilha: sua impotência se mudará em sabedoria e a imperfeição de seu ato, sempre insuficiente a seus olhos, se converterá no maior prazer de sua vida. Quem possui um fundo de humildade não precisa de muitas palavras para instruir-se. Deus lhe revela mais coisas do que outros poderiam lhe ensinar. Os discípulos de Deus estão nesta posição"[150].

---

149. Ru 100. Com ligeiras omissões.
150. Ru 102. Com omissões.

Décimo dia

Se conhecesses o dom de Deus – A Virgem fiel – A Virgem da vida interior – Atitudes espirituais de um louvor de glória – O nome novo do vencedor.

Primeira oração

38. *"Si scires donum Dei"*[151].

"Se conhecesses o dom de Deus", disse Jesus à Samaritana. Mas qual é este dom de Deus, senão ele mesmo? "E, diz-nos o discípulo amado, veio aos seus e os seus não o receberam"[152]. São João Batista poderia dizer ainda a muitas almas estas palavras de reprovação: "No meio de vós, 'em vós mesmos', está alguém que não conheceis"[153].

---

151. Jo 4,10.
152. Jo 1,11.
153. Jo 1,26. Elisabete sublinhou e pôs entre aspas esta expressão: "em vós mesmos". É uma reminiscência de Lc 17,21 (que várias vezes cita e de que gosta muito): "O Reino de Deus está dentro de vós". É assim que o seu *Manual* traduz, segundo a exegese da época. O "dentro" tinha, para Elisabete, uma forte ressonância.

39. "Se conhecesses o dom de Deus!" Houve uma criatura que conheceu este dom de Deus, uma criatura que não desperdiçou nenhuma parcela deste dom, uma criatura tão pura, tão luminosa que parecia ser a própria Luz: "Speculum justitiae"[154]. Uma criatura cuja vida foi tão simples, tão absorta em Deus, que quase nada se pode dizer a respeito dela. "Virgo Fidelis"[155]. Virgem fiel, é aquela "que guardava todas as coisas em seu coração"[156]. Conservava-se tão pequena e recolhida diante de Deus, no segredo do Templo, que atraiu sobre si as complacências da Santíssima Trindade: "Porque olhou para a humildade de sua serva, doravante as gerações todas me chamarão bem-aventurada!..."[157] O Pai, ao contemplar esta criatura tão bela e tão indiferente à própria beleza, quis que ela fosse, no tempo, a Mãe daquele de quem Ele é o Pai na eternidade. Veio, então, sobre ela o Espírito de Amor, que preside a todas as operações divinas, e a Virgem disse o seu Fiat: "Eis aqui a escrava do

---

154. "Espelho de justiça": invocação da Ladainha de Nossa Senhora.
155. "Virgem fiel": invocação da Ladainha de Nossa Senhora.
156. Lc 2,19.51.
157. Lc 1,48.

Senhor, faça-se em mim segundo a vossa palavra"[158], e o maior dos mistérios se realizou. Pela descida do Verbo nela, Maria tornou-se, para sempre, a presa de Deus.

40. Parece-me que a atitude da Virgem, durante os meses que se passaram entre a Anunciação e o Natal, é o modelo das almas interiores, desses seres por Deus escolhidos para viver "no interior", no fundo do abismo sem fundo. Com que paz e recolhimento Maria se submetia e se entregava a todas as ocupações! Como as ações mais banais eram divinizadas nela! Porque, em tudo, a Virgem permanecia a adoradora do dom de Deus[159] em todos os seus atos. Esta atitude não a impedia de doar-se exteriormente, quando a caridade o exigia. O Evangelho narra que "Maria percorreu apressadamente as montanhas da Judeia, para dirigir-se à casa da sua prima Isabel"[160]. Jamais a visão inefável que ela contemplava no seu interior diminuiu a sua caridade exterior, porque, conforme afirma um autor piedoso, "se a contemplação

---

158. Lc 1,38.
159. Cf. "A Virgem permanece a perfeita adoradora do dom de Deus": texto que fez inscrever num pequeno trabalho de bordado, feito por ela durante a sua doença.
160. Cf. Lc 1,39-40.

conduz ao louvor e à eternidade de seu Senhor, ela tem em si a unidade e não a perderá jamais". Se lhe chega uma ordem do céu, volta-se para os homens, compadece-se de todas as suas necessidades, inclina--se sobre todas as suas misérias. Convém que ela chore e fecunde! A contemplação ilumina como o fogo; como ele, queima, absorve e consome, elevando para o céu tudo quanto destruiu. E uma vez cumprida a sua missão na terra, levanta-se e empreende novamente o caminho para a altura, ardendo em seu próprio fogo[161].

Segunda oração

41. *"Nele, predestinados pela decisão daquele que tudo opera segundo o conselho de sua vontade, fomos feitos sua herança, para sermos o louvor de sua glória"*[162].

É São Paulo que assim fala. São Paulo instruído pelo próprio Deus. Como realizar este grande sonho do coração de nosso Deus, este seu desejo

---

161. Ru 224. Elisabete chama aqui "contemplação" o que Ruysbroeck chama de "liberdade": a vontade livre, sob o dom da fortaleza.

162. Ef 1,11-12. Elisabete coloca em destaque a expressão "o louvor de sua glória", como no parágrafo seguinte e no final (cf. nota 22).

imutável sobre nossas almas, numa palavra, como corresponder à nossa vocação e nos tornar perfeitos louvores de glória da Santíssima Trindade?

42. No céu, cada alma é um louvor de glória ao Pai, ao Verbo e ao Espírito Santo, pois cada alma está fixada no amor puro, "não vivendo mais da sua própria vida, mas da vida de Deus"[163]. "Então, ela o conhece, afirma São Paulo, como é conhecida por Ele"[164]. Em outras palavras: "seu entendimento é o entendimento de Deus, sua vontade a vontade divina, seu amor o mesmo amor de Deus. O Espírito de amor e de fortaleza é quem transforma realmente a alma, pois tendo sido enviado para suprir nela tudo quanto lhe falta, como diz também São Paulo[165], ele opera na alma esta gloriosa transformação". São João da Cruz afirma que falta pouco para que a alma, assim entregue ao amor, não se eleve nesta vida pela virtude do Espírito Santo ao grau de amor que estamos falando[166]. Eis o que eu chamo um perfeito louvor de glória".

---

163. CE 12,7.
164. 1Cor 13,12, citado em CE 38,3.
165. Nesta longa citação do CE (cf. nota seguinte), Elisabete junta esta alusão a Rm 8,26 do seu tão querido São Paulo.
166. CE 38,3, a partir de "seu entendimento..." É fato notável que Elisabete, ao rebuscar estes textos, omite a expressão "no matrimônio espiritual".

43. Um louvor de glória: é uma alma que permanece em Deus, que o ama com um amor puro e desinteressado, sem buscar-se a si mesmo na doçura desse amor; que o ama acima de todos os seus dons, e amaria ainda que nada tivesse dele recebido, e que deseja o bem ao Objeto assim amado. Ora, como desejar e querer efetivamente algum bem a Deus, senão pelo cumprimento exato de sua vontade, uma vez que esta vontade encaminha todas as coisas para a sua maior glória? Portanto, esta alma deve se entregar a Ele plena e inteiramente, até não conseguir mais querer outra coisa senão o que Deus quer.

Um louvor de glória: é uma alma de silêncio, que permanece como uma lira, sob o toque misterioso do Espírito Santo, que nela produz harmonias divinas. Ela sabe que o sofrimento é uma corda que produz sons mais belos ainda e por isso gosta de vê-la no seu instrumento, para comover, mais ternamente, o coração de seu Deus.

Um louvor de glória: é uma alma que contempla a Deus na fé e na simplicidade; é um reflexo do Ser de Deus. É como um abismo sem fundo, no qual ele pode derramar-se, expandir-se. É também como um cristal, através do qual Deus pode irradiar e contemplar todas as suas perfeições e o seu próprio resplendor[167]. Uma alma que permite deste modo ao Ser divino satisfazer nela sua necessidade de comunicar tudo quanto Ele é e tudo quanto possui[168], é realmente o louvor de glória de todos os seus dons.

Enfim, um louvor de glória é um ser em contínua ação de graças. Cada um de seus atos e movimentos, cada um de seus pensamentos e de suas aspirações, fixam-na mais profundamente no amor e são como que um eco do "Sanctus" eterno.

44. No céu da glória, os bem-aventurados não cessam de repetir "dia e noite: 'Santo, Santo, Santo, o Senhor Todo-poderoso...' E, prostrando-se, adoram aquele que vive pelos séculos dos séculos"[169].

No céu de sua alma o louvor de glória começa, desde já, o ofício que há de exercer na eternidade. Seu cântico nunca se interrompe, porque ele age sempre sob o impulso do Espírito Santo, que tudo

---

167. CV 1,13: *"como cuando el cristal limpio y puro es embestido de la luz..."*
168. CV 3,1. Cf. Ru 68, em que o Pai dá ao seu Filho "tudo o que Ele tem e tudo o que Ele é".
169. Ap 4,8.10.

opera nele[170]. E, ainda que ele nem sempre tenha consciência disso, pois a fraqueza da natureza não lhe permite fixar-se em Deus sem distrações, ele canta e adora constantemente, e transforma-se, por assim dizer, em louvor, em amor apaixonado pela glória de seu Deus. No céu de nossa alma sejamos louvores de glória da Santíssima Trindade, louvores de amor de nossa Mãe Imaculada. Chegará o dia em que o véu cairá e seremos introduzidos nos átrios eternos e lá cantaremos no seio do Amor infinito, e Deus nos dará o "nome novo, prometido ao vencedor"[171]. Qual será este nome?

Laudem gloriae[172].

---

170. Provável reminiscência de 1Cor 12,11: "É um só e mesmo Espírito que opera todas as coisas…"

171. Cf. Ap 2,17.

172. Este é o nome-vocação de Elisabete. Aqui ela o destaca, colocando-o no meio da linha e engrossando as letras. É provável que este ideal de "Louvor de glória" tenha-lhe sido proposto antes de sua entrada no Carmelo, pois desde 1901 tinha em mãos um santinho onde estava escrito, em letra não identificada: "Cada alma deve ser um louvor de glória ao Pai, ao Filho, ao Espírito Santo. Junho de 1901, festa da Santíssima Trindade".

Clássicos da Espiritualidade

Confira outros títulos da coleção em

livrariavozes.com.br/colecoes/classicos-da-espiritualidade

ou pelo Qr Code

Conecte-se conosco:

f   facebook.com/editoravozes

📷   @editoravozes

X   @editora_vozes

▶   youtube.com/editoravozes

🕾   +55 24 2233-9033

www.vozes.com.br

Conheça nossas lojas:

www.livrariavozes.com.br

Belo Horizonte – Brasília – Campinas – Cuiabá – Curitiba
Fortaleza – Juiz de Fora – Petrópolis – Recife – São Paulo

  Vozes de Bolso

EDITORA VOZES LTDA.
Rua Frei Luís, 100 – Centro – Cep 25689-900 – Petrópolis, RJ
Tel.: (24) 2233-9000 – E-mail: vendas@vozes.com.br